La Culture Entrepreneuriale selon l'Approche CIDC

Une contribution au développement de l'entrepreneuriat social en Afrique

(Guide Pratique)

Joshard-Martin M.M

Sommaire

Préambule

D ans ce manuel, Je ressors les idées essentielles du livre
« *La Culture Entrepreneuriale selon l'Approche CIDC* »
pour permettre au lecteur de mieux appliquer les pratiques
inhérentes à ladite approche afin d'obtenir le résultat sou-
haité. Ce guide pratique offre également la possibilité au
lecteur de répondre à des questions qui visent la projection
entrepreneuriale de ce dernier.

Objectifs

Nous allons faire un tout petit exercice qui consiste à lire et à identifier les objectifs que vous espérez atteindre dans la lecture de ce guide d'une part et le profil qui vous correspond le mieux de l'autre.

1. Comprendre la philosophie de l'approche CIDC pour mieux l'appliquer dans mon contexte
2. Apprendre d'avantage sur l'entrepreneuriat
3. Découvrir ou apprendre d'avantage sur l'entrepreneuriat social
4. Développer ma curiosité intellectuelle dans le domaine du développement personnel
5. Découvrir des astuces supplémentaires à celles qui sont fournies dans le livre
6. Me cultiver sur la littérature entrepreneuriale internationale
7. Savoir comment découvrir, développer et valoriser son talent
8. Acquérir plus d'informations et d'inspiration pour me lancer / me relancer
9. Epouser les valeurs de la culture entrepreneuriale selon l'approche CIDC

10. Savoir plus sur l'auteur et sa philosophie entrepreneuriale

Maintenant, considérez les profils ci-dessous:

a. Personne sans qualification
b. Élève
c. Etudiant
d. Chômeur
e. Travailleur
f. Aspirant entrepreneur
g. Retraité ambitieux (précoce)
h. Personne avec handicape
i. Personne immigrante
j. Personne autodidacte

Si vous êtes concerné (e) par l'un de ces objectifs et profils, sachez donc que vous êtes au bon endroit.

❖ ❖ ❖

Introduction

L e livre « *La culture Entrepreneuriale selon l'Approche CIDC* » que vous avez sans doute parcouru, est un message d'encouragement à la culture de l'entrepreneuriat en général et à l'entrepreneuriat social en particulier. C'est un support qui fournit des valeurs et des principes qui visent le renforcement de vos capacités entrepreneuriales. Ce guide pratique est donc une version résumée et pratique du livre. Il traite des idées essentielles du livre de façon structurée et proactive pour favoriser une compréhension parfaite du concept "CIDC". Il s'articule en deux parties: une partie théorique et une partie pratique à proprement parlé. Il vous permettra d'appliquer plus pragmatiquement les quatre étapes de l'approche CIDC.

C'est dans un registre assez décontracté et interactif que je me fais l'honneur de vous entretenir de manière transparente sur le sujet de l'entrepreneuriat et plus précisément sur comment découvrir, développer et valoriser son talent pour se créer des opportunités. C'est également un moyen pour moi de vous partager ma philosophie entrepreneuriale aussi bien d'un point de vue économique que social. Aussi, dans ce manuel, je reste dans la même dynamique qui consiste à *rendre l'entrepreneuriat accessible à tous*. Au-delà des limites financières qui peuvent vous accabler aujourd'hui, j'aimerais vous dire que vous disposez d'une autre ressource qui n'est pas très loin de vous. Elle est même en vous ! Il s'agit de votre mentalité. Ceci est tout l'objet du livre en général et de ce guide pratique en particulier : *Adopter une mentalité d'entrepreneur par des principes simples et pratiques qui favorisent le développement de votre capacité de prise d'initiatives entrepreneuriales.*

Mon but n'est pas de vous faire croire que vous êtes un dieu, mais plutôt de vous faire comprendre que Dieu vous a doté d'un potentiel que ni l'école, ni la société ne peuvent mesurer. Je vous exhorte donc à faire montre d'honnêteté, d'humilité et de sincérité avec vous-même dans votre lecture, afin d'atteindre les objectifs qui vous concernent dans ce manuel.

Bonne lecture !

◆ ◆ ◆

PARTIE I: Derrière la scène

Il est très souvent bon de s'imprégner du contexte de la création d'une œuvre pour mieux apprécier sa valeur. C'est donc à ce titre que je vous partage, dans cette partie, les réalités qui se cachent derrière la création du livre « La Culture Entrepreneuriale selon l'Approche CIDC ». J'en profite également de relever les trois mots clés de ce tire en dehors du concept CIDC.

1. La création du livre

Le livre "*La Culture Entrepreneuriale selon l'Approche CIDC*" est le fruit d'une collaboration entre ma modeste personne et plusieurs autres acteurs de développement internationalement reconnus. Grace à leur riche expérience dans leur domaine respectif, ces derniers m'ont accordé leur confiance en préfaçant le livre. Il s'agit de monsieur Phillip bakani, PDG de Liongsgate au Botswana, mesdames Dikabo Mogopodi, écrivaine Botswanaise et Pepecy Ogooulinguende, entrepreneure gabonaise et Présidente de l'ONG Malachie.

Alors, j'ai décidé de produire cet ouvrage dans le but de promouvoir l'éducation et l'autonomisation chez la jeunesse africaine et chez touts celles et ceux qui aspirent à entreprendre. Comme le sous-titre l'indique clairement, il est effectivement question d'une "*contribution pour développement de l'entrepreneuriat social en Afrique*". A travers cet outil auto-éducatif, j'incite donc toutes celles et ceux qui aspirent à leur développement personnel, social et économique, à épouser les valeurs et principes qui y sont recommandés.

J'avoue que la réalisation de cet ambitieux projet a été un véritable parcours de combattant. Il m'a fallu manifester de la passion, du courage, et surtout de persévérance pour aboutir au résultat final. Permettez-moi donc de vous dire que j'ai été beaucoup intimidé à l'idée de savoir que les gens liraient mes écrits à travers le monde une fois publié. Aussi, le fait que j'ignorais le domaine du livre en général et de la publication en particulier constituait un véritable blocage mental. En effet, à plusieurs reprises, je me suis laissé décourager lorsque je considérais la grandeur du travail à fournir y compris les multiples tâches qui y sont associées. De plus, en considérant mes ressources en ce temps-là, une seule chose me venait de temps en temps à la tête « *ça ne vaut absolument pas peine* ». Mais tout ceci n'était rien que les étapes naturelles du processus. Ainsi, grâce aux personnes dont je le privilège de servir au travers de mes formations et de mes différentes séances coaching et consulting, j'ai pu puiser de la motivation nécessaire à l'aboutissement de ce projet. Ceci dit, après m'y être remis, j'ai découvert et saisi l'opportunité de m'auto-publier sur la plateforme Amazon Kindle Direct Publishing. Aujourd'hui, le livre est enfin publié. Il y une chose que je retiens de ce processus: *un livre ne produit pas en jour* (cela reste très relatif.). Cela exige un investissement conséquent en temps et en énergie. Mais la leçon la plus importante de ce processus est celle l'épreuve du temps.

Le concept CIDC a été créé en 2014, bien entendu, après avoir fait son expérimentation. Trois ans plus tard, en 2017, j'en ai fait l'objet d'un projet de livre. Comme, je l'indique dans l'introduction (du livre), c'était suite au déclic que j'avais reçu lors de ma conversation avec cet ancien condisciple d'université. C'est en 2019 que j'ai publié en auto-édition le livre. Un bon nombre d'années, n'est-ce pas? Eh oui! Cinq bonnes années après, pour être plus claire.

En fait, pendant cette longue période, j'ai consacré ma force et mon temps à mener des réflexions, à faire de la recherche, à voyager, à entreprendre des initiatives de développement (Création et gestions de structure associatives et formation), et surtout à faire du bénévolat afin d'éprouver l'authenticité de la philosophie et des principes du concept

CIDC. Cela a été une aventure assez passionnante et très enrichissante. La philosophie du concept CIDC m'a permis découvrir, de développer et de promouvoir mes talents aussi bien dans mon pays le Gabon qu'en Afrique du Sud, au Botswana, en France, en Belgique, aux États-Unis etc. Cela m'a donc ouvert de nombreuses portes dont je ne pouvais imaginer l'impact tant dans ma carrière de leader civique, d'éducateur que d'écrivain.

Grâce au projet du livre, j'ai eu le privilège de collaborer avec des personnes dont le professionnalisme reste d'une qualité assez exceptionnelle. (Elles sont citées dans la partie remerciement du livre.) Cela m'a également permis de découvrir la plume de merveilleux auteurs américains qui m'ont beaucoup inspiré dans mon processus de rédaction. Il s'agit d'Arthur C.Brooks et de Laurie Beth Jones.

Le livre étant prêt, j'ai pensé à produire une version plus synthétisée et plus pratique pour vous permettre de mieux comprendre sa logique.

2. Concepts clés

Pour bien comprendre la logique du livre, il est extrêmement important de cerner le sens des concepts suivants: *La culture, l'entrepreneuriat* et *l'approche*.

La culture

La culture constitue l'un des concepts clés les plus développés dans le livre. Le livre traite d'une culture liée à l'entreprenariat social qui met en valeur un concept que j'appelle "l'approche CIDC." Ceci étant dit, pour appréhender la philosophie dudit concept ou du livre en général, il est donc indispensable de nous accentué sur le mot "culture".

La culture se définit comme étant est un ensemble de valeurs et d'habitudes que l'on retrouve dans une communauté donnée. Une définition assez simple, n'est-ce pas? Cependant, il est tout de même important de souligner que la culture implique plusieurs autres choses qui ne sont pas nécessairement sous-entendues au premier abord dans cette définition-là. Prenons deux autres définitions utiles pour la suite des choses.

La culture est un ensemble des phénomènes matériels et idéologiques qui caractérisent un groupe ethnique ou une nation, une civilisation, par opposition à un autre groupe ou à une autre nation : *La culture occidentale.*

Un ensemble de signes caractéristiques du comportement de quelqu'un (langage, gestes, vêtements, etc.) qui le différencient de quelqu'un appartenant à une autre couche sociale que lui : *Culture bourgeoise, ouvrière.*

En effet, la culture représente l'infrastructure identitaire de base dans la vie d'un individu. Elle façonne la vie de ce dernier, notamment dans son aspect physique, social, spirituel, professionnel etc.

La culture résulte des influences idéologiques auxquelles un individu ou une communauté est exposée. Autrement-dit, une culture nait de la pensée prédominante d'un individu. Celle-ci dicte ses actions, desquelles naissent des pratiques et habitudes, qui elles forgent un caractère.

La culture est une façon de penser, de se comporter et

d'agir.

Se créer une culture peut se faire aussi bien de façon inconsciente que consciente. En d'autres termes, c'est un choix soit involontaire ou volontaire. C'est un choix auquel chacun de nous est quotidiennement confronté. Il nous est donc important de faire attention aux types de pensés, de paroles, d'attitudes et d'actions que nous développons dans le temps. On ne le dira jamais assez; *l'habitude est une seconde nature.* La culture résulte de nos habitudes. L'ambition de ce livre est d'inculquer un ensemble de principes et de valeurs qui incitent au développement d'une certaine culture: *La culture entrepreneuriale selon l'Approche CIDC.*

L'entrepreneuriat

Le sujet de l'entrepreneuriat représente le cœur du livre. Dans le livre, l'entrepreneuriat nous est présenté comme étant le fait d'amener une idée dans un contexte commercial ou social de façon créative et innovante. C'est donc prendre une initiative qui vise l'amélioration de sa condition financière et sociale. En fait, le livre véhicule la pensée selon laquelle l'entrepreneuriat est une activité divinement intégrée dans la pensée de l'homme, et ce, depuis mathusalem. Pour bien appréhender cette assertion, partons du principe que l'entrepreneuriat est d'abord et avant tout une initiative de développement personnel dans sa dimension la plus social du terme. En fait, comme indiqué dans le livre, autrefois l'idée de l'entrepreneuriat s'exprimait sous une forme beaucoup moins pépinière qu'elle ne l'est aujourd'hui. Pour satisfaire ses besoins naturels, à l'exemple de la nutrition, l'homme entreprenait des activités telles que l'agriculture, la chasse, la pêche et l'élevage. Toutes ces activités-là ont pour seul et unique but le développement social de l'homme. Elles conduisent donc ce dernier à l'autonomie.

Avec le temps, l'homme a développé d'autres moyens pour améliorer ses conditions de vie, notamment avec le commerce. Ainsi, avec l'arrivé du système monétaire, l'homme a commencé à commercialiser l'art et le service. A mon humble avis, voici en quelques mots l'essence même de l'entrepreneuriat. Ceci nous permet donc de comprendre de façon simple et claire que l'entrepreneuriat vise un changement, voire la transformation sociale et économique de l'entrepreneur. On note que ce développement ne reste pas sans conséquences dans la communauté ou la société dans laquelle celui-ci évolue. C'est donc un facteur de développement pour la société. Autrement-dit, l'entrepreneuriat favorise le développement social et économique d'un pays. Le livre en est donc un outil de promotion à travers lequel j'explique comment entreprendre à l'aide d'une méthode efficace, résumée en quatre étapes. Dans ce guide, je me propose de revenir de façon substantielle sur comment appliquer les principes et astuces propres à chacune d'elles (les étapes) pour vous permettre d'entreprendre.

L'approche

Une approche se définit comme étant une démarche ou une méthode. C'est une façon d'aborder quelque chose. Dans la vie en général, nous utilisons des méthodes, des stratégies ou des techniques bien choisies pour faire aboutir certaines de nos activités. Le résultat est donc l'objet de l'adoption d'une méthode (j'utilise méthode et approche de façon interchangée). Autrement-dit, il n'y a pas de méthode sans objectifs clairement définis. Une méthode dont le résultat s'est avéré scientifique et satisfaisant, nous permet d'atteindre nos objectifs efficacement. C'est exactement ce dont il est question dans le livre. En effet, le livre nous propose une approche qui nous permet de découvrir, développer et mettre en valeur nos talents pour nous créer des opportunités de développement. Cette approche nous permet d'épouser une mentalité d'entrepreneur.

PARTIE II: Idées et pratiques essentielles

Alors, ici on va droit au but. Comme vous l'avez certainement constaté, dans le livre je prends la peine de développer minutieusement et progressivement la thèse soutenue par le concept CIDC. Cependant, dans cette partie du guide, je vais tout simplement ressortir les idées et astuces les plus essentielles, recommandées dans chaque chapitre. Je tiens à préciser que le registre de langue présent est expressément utilisé de sorte à vous faciliter la compréhension générale du contenu du livre. Rappelons-nous que le livre s'articule essentiellement autour de cinq chapitres.

Chapitre I: La place de l'entrepreneuriat dans la société

Points essentiels :

1. L'importance de la culture de l'entrepreneuriat dans la société en mettant en avant une définition personnelle dudit concept
2. Le rapport entre l'entrepreneuriat et l'Etat
3. Le rôle de l'individu dans le développement de la société.

Résumé :

L'entrepreneuriat est un facteur de développement social et économique. Ceci dit, l'Etat doit mettre en place une politique qui incite à la prise d'initiative entrepreneuriale. Pour ce faire, il est appelé à coopérer avec des individus comme vous et moi. L'individu est donc au centre de la question de l'entrepreneuriat. Le fait de se lever et oser entreprendre fait de vous un entrepreneur. (Des preneurs de risques dans son sens le plus large.) Sous d'autres cieux on parle de *startuppeur*.

Astuces :

- Développez des idées de création d'activité entrepreneuriale.
- Elaborez un plan d'action.

- Implémentez se plan en créant votre entreprise (Sociale ou Economique).

Le **VOAR** peut vous servir à mieux assoir ce planning.

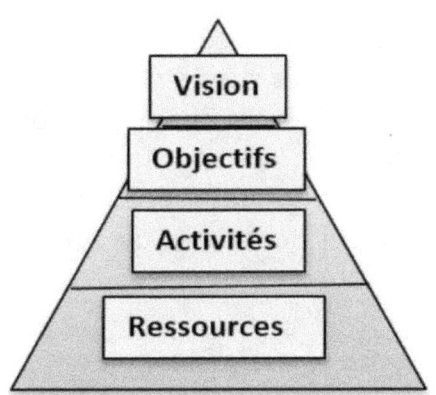

Chapitre II: Contexte
de l'approche CIDC

Points essentiels :

1. La présentation globale de l'état actuel de la société

mondiale en cette ère de la mondialisation.
2. L'émergence d'un phénomène social nouveau causé par les effets néfastes de la mondialisation.

Résumé :

L'individu qui est au centre de la question de l'entrepreneuriat fait face à de multiples influences sociales qui tendent à fragiliser sa capacité de prise d'initiative. Ces influences assez diversifiées suscitent très souvent une perte de confiance en soi chez l'individu. La confiance en soin joue un rôle capital dans l'aventure entrepreneuriale. Ainsi, celui qui envisage entreprendre une activité doit se forger une mentalité qui lui permettra de surmonter ces nombreux obstacles sociaux.

Astuces :

- Localisez les bonnes et les mauvaises sources d'influences.
- Retenez ce qui contribue à forger en vous une mentalité de développement

Il est important de considérer le diagramme ci-dessous :

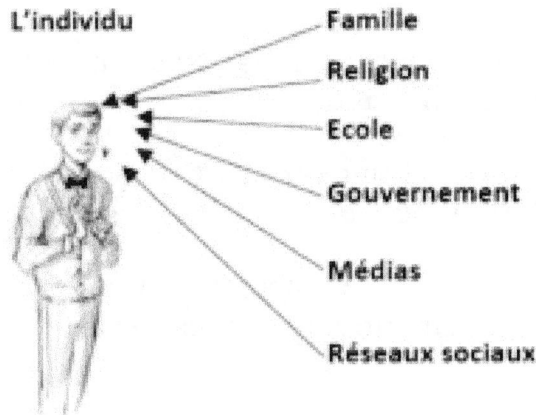

Aussi, il est important de cultiver les valeurs suivantes :

■ **L'amour de soi** : se respecter quoi qu'il advienne, écouter ses besoins et ses aspirations. Il facilite une vision positive de soi.

■ **La vision de soi** : évaluer ses qualités et ses défauts, fondés ou pas. Elle influence positivement la confiance en soi.

■ **La confiance en soi** : penser que l'on est capable d'agir de manière adéquate dans les situations importantes.

Chapitre III:
L'approche CIDC

Points essentiels :

1- La Culture de la recherche de l'information pour découvrir son potentiel naturel.

2- L'Intégration à une organisation pour acquérir une connaissance pratique sur l'objet de sa passion.

3- Le Développement du potentiel (des nombreuses potentialités du futur entrepreneur leader) pour acquérir de l'expérience.

4- La Création de son entreprise pour s'auto-employer et réaliser son rêve.

Résumé :

L'approche CIDC est une méthode d'apprentissage entrepreneuriale stratégique qui permet à l'aspirant entrepreneur d'acquérir une expérience professionnelle favorable à la création de leur propre structure.

Astuces :

☐ **Culture de la recherche**

- ■ Mettez sur écrit tout ce que vous aimez faire (toute activité dans laquelle vous éprouvez du plaisir, de la paix, de la joie, de la force et de l'énergie).

■ Faites un exercice de catégorisation en allant de ce qui vous allume le plus à ce qui vous allume le moins : mettez-en dans un groupe tout ce qui va ensemble et classez- les par ordre d'intérêt.

■ Regroupez (dresser une liste si possible) tout support susceptible de vous fournir plus amples informations sur le domaine qui correspond à l'objet de votre passion (Supports écrits: Livres, Magazines, Articles etc.; Supports audio-visuels: Radios et Chaînes télévisés; Supports technologiques: Sites internes et applications à caractère didactique; Supports humains: Renseignements)

■ Cultivez-vous de manière scolaire (organisée, disciplinée et objective) et stratégique dans "votre domaine" à l'aide des supports à votre disposition.

■ Fixez-vous un objectif à long terme (Faites-vous une vision de vous à long terme).

□ **Intégration à une organisation**

■ Identifiez un model (personne physique ou morale).
■ Côtoyez ce dernier
■ Intégrez une organisation ou entreprise qui opère dans le domaine qui vous passionne

□ **Développement du potentiel au sein de l'organisation**

■ Participez à toute opportunité de formation accessible à l'organisation.
■ Valorisez les acquis en s'engageant à toujours contribuer au développement de l'organisation à son niveau.
■ Mettez sur écrit toute information pratique du secteur ou d'une activité particulière qui a captivé votre

attention et votre intérêt.

- Mettez sur écrit toute expérience personnelle vécue au sein de l'organisation (une activité professionnelle qui a beaucoup mis en exergue votre passion, votre potentiel, vos talents, votre savoir-faire, vos compétences), et si possible, la transcrire sous une forme pédagogique pour vous servir de manuel.
- Collectez toutes images et autres supports numériques à votre portée, contenant des informations administratives, techniques et communicationnelles de l'activité de votre intérêt.
- Archivez toutes ces données dans un lieu sûr.
- Actualisez vos connaissances.

☐ **Création de votre propre structure**

- Conduisez une étude de marché.
- Lancez-vous (avec tout ce que cela comporte juridiquement).

Chapitre IV: Valeurs et principes

Points essentiels :

1- La culture de la recherche

2- La culture du dure labeur

3- La culture du service

Résumé :

La culture de la recherche favorise la découverte du talent. La culture du dur labeur favorise le développement du talent. La culture du service favorise la valorisation du talent. Ce sont là les trois principes qu'impulse l'approche CIDC.

Astuces :

☐ **La culture de la recherche**

- Lisez des livres.
- Entreprenez des conversations instructives.
- Faites de la recherche sur internet (se cultiver).

☐ **La culture du dur labeur**

- Prenez plaisir à entre en activité.
- Cultivez les valeurs telles que l'honnêteté, la dignité et la justice.

☐ **La culture du service**

- Faites du bénévolat.
- Exercez son leadership.
- Cultivez l'amour pour son activité.

Chapitre V: L'Entrepreneuriat social: une Expérience personnelle

Alors ici, on ne parlera plus de mon expérience mais plutôt de la vôtre. Nous ferons donc un exercice qui consiste à vous faire expérimenter l'approche CIDC dans votre contexte. Ceci est donc un plan d'action stratégique qui vous permettra de mieux développer votre culture entrepreneuriale. Par conséquent, veillez répondre aux questions posées en dessous tout en sachant que ceci est un exercice qui ne se fera pas en un jour. Il vous faudra donc faire preuve de patience et surtout de persévérance pour obtenir un résultat satisfaisant.

Votre expérience de l'approche CIDC

Répondez sur un notebook aux questions ci-dessous :

1. Quelle activité entrepreneuriale souhaitez-vous exercer à temps plein dans les cinq et dix prochaines années? / Quelle autre activité souhaitez-vous explorer ?

2. Disposez-vous d'une expérience antérieure dans ce domaine d'activité ? Si oui laquelle ?
3. Quelles sont vos atouts ?
4. Quelles sont vos limites ?

Maintenant veillez définir votre **VOAR** selon le diagramme ci-dessous:

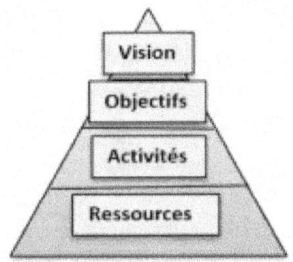

1. **Votre Vision**
2. **Vos Objectifs**

a. Courts termes
b. Moyens termes
c. Long termes

3. **Vos ressources**

a. Expérience
b. Matériel
c. Relations
d. Finance

Ainsi, sur cette base vous êtes dorénavant en mesure de vous lancer dans l'expérimentation de l'approche CIDC.

Bonus: Citations

La place de l'entrepreneuriat dans la société

« ...l'entrepreneuriat avait toujours existé. Il se présentait d'ailleurs sous une forme beaucoup moins pécuniaire qu'elle ne l'est aujourd'hui.»

« Chaque idée de prise d'initiative ou de création d'entreprise reçue dans le cerveau de l'homme en constitue une semence chargée d'un potentiel immense qui n'attend qu'à être développé afin de pleinement s'exprimer de manière visible et tangible. L'idée est le début d'un rêve et d'une vision qui a le potentiel d'apporter un changement positif aussi bien dans la vie de son détenteur que dans la société dans laquelle celui-ci s'y trouve.»

« L'idée de prise d'initiative est une semence plantée dans le sol de l'intelligence de l'homme qui doit être arrosée par l'arrosage du travail de la réflexion, de l'imagination, de la créativité, de l'innovation et de l'action, et qui porte le fruit *du succès sur le plan financier, relationnel, social etc.»*

« ...une idée de prise d'initiative est d'abord et avant tout une semence plantée dans le sol de notre intelligence qui doit être arrosée par la réflexion et le travail afin de porter le fruit de la réussite et du succès aussi bien chez la personne qui l'a reçue que dans la société dans laquelle celle-ci évolue.»

«...entreprendre est donc un processus d'apprentissage, de compréhension et d'application. »

« Le partage d'expérience est une forme d'apprentissage dont l'effet s'avère réciproquement bénéfique, c'est à dire aussi bien pour la personne qui transmet la connaissance que pour celle qui la reçoit.»

«...l'entreprise est un bébé que l'on a mis au monde qui doit nécessairement croître par l'assistance de son responsable.»

« ... pour lutter effacement et durablement contre la pauvreté, contre les inégalités sociales, contre le chômage, contre l'oisiveté des jeunes et des plus âgés (car aujourd'hui tout le monde subit les effets de ces phénomènes sociaux), il faut qu'il y ait de plus en plus d'entrepreneurs.»

Contexte de l'approche CIDC

« ...l'individu est le principal acteur du développement de la société, et que l'entrepreneuriat est une prise d'initiative qui émane premièrement d'une volonté individuelle avant d'être mise dans un contexte communautaire.»

« La société est de nos jours l'un des éléments les plus influents que l'on retrouve dans la vie d'une personne. Elle contribue au fondement de la vie sociale de l'individu à travers différents acteurs, chacun ayant sa dose d'influence sur ce dernier tant sur son mental que sur son intellect.»

«La cellule familiale constitue la base de l'éducation d'un individu; je dirais même le fondement de la vie sociale d'une personne.»

« ...ce qui pourrait bien amener un individu à se développer socialement, c'est une idéologie qui mets en avant la foi en Dieu, des valeurs morales et des objectifs sociaux nobles.»

L'approche CIDC

« …l'approche CIDC… permet aux personnes victimes du système décrit dans le chapitre précédent, c'est à dire à tous ceux qui ont perdu **le sens de l'estime de soi** et qui ont cessé de croire en leurs rêves, de reprendre leur destin en main.»

«La CIDC permet également d'utiliser les moyens que nous impose le système pour mieux le combattre et le vaincre dans toutes ses formes, et ce, de façon stratégique et progressive en vue d'une reprise totale du contrôle de sa vie sociale.»

«L'approche CIDC est un moyen qui permet à l'individu de regagner le sens de sa personnalité et celui de sa citoyenneté pour mieux s'affirmer dans la société.»

«L'approche CIDC est un outil qui favorise la création et le développement des structures associatives, et donc qui valorise la culture de prise d'initiatives de développement personnelle et communautaire.»

« … que la nature est l'un des plus beaux cadeaux que Dieu a donné à l'homme. Elle comporte de nombreuses richesses qui permettent à ce dernier de s'épanouir à tous les niveaux.»

« "Celui qui veut du miel doit avoir le courage d'affronter les abeilles." »

« ..**tout ce qui est naturel est plein de richesses!**»

« …comme tout autre animal, l'oiseau exploite toutes les

facultés naturelles qu'il a pour améliorer ses conditions de vie. On doit avoir à l'esprit que tout ce qui est naturel est riche.»

« ... l'homme possède au moins un sinon plusieurs talents enfouis en lui. Ces talents constituent pour lui des précieuses ressources naturelles, qui sont là pour lui permettre de produire de grandes choses ; de faire de grandes réalisations.»

« ...l'homme est doté d'un potentiel de création incroyablement gigantesque...on ne peut ni le quantifier ni le mesurer, mais une chose est sure, on peut le découvrir, l'exploiter et le valoriser.»

«Le talent n'est pas seulement utile pour le développement personnel du détenteur, mais il l'est aussi pour la société dans laquelle celui-ci évolue, et par extension, pour le monde.»

« "il y a la vie de l'école et l'école de la vie". »

« "c'est en faisant des erreurs qu'on apprend à ne plus en refaire" »

« Or rien ne peut rendre une personne spécialiste ou « spéciale » si ce n'est ce qui lui est propre et naturel..»

« ... le talent de l'homme est une richesse naturelle enfui dans le sol de son intelligence que l'éducation arrive scolairement à sortir de lui. C'est la raison pour laquelle ce proverbe chinois dit « celui qui sait qu'il ne sait pas, éduque-le. »

« L'école doit amener l'individu à réaliser qu'il est important pour la société, c'est-à-dire que son talent (potentiel) est utile au développement de celle-ci.»

« ...tout être humain quel que soit sa situation social,

linguistique, physique ou géographique, dispose d'un potentiel naturellement enfoui en lui qui n'attend qu'à être premièrement découvert, ensuite développé, et enfin valorisé de façon honnête, digne et juste.»

« ...le développement du potentiel d'un individu est largement déterminé par l'information que ce dernier reçoit dans son cerveau.»

« ... le résultat d'un travail abattu de façon dévouée, digne et honnête, procure un sentiment de satisfaction et d'honneur, voire de fierté envers soi-même.»

« Il est vrai que le travail soumet l'homme à une certaine peine et discipline qui peuvent lui coûter à la fois sa force physique et mentale, ce qui n'est pas toujours chose facile. Toutefois, s'il y a une chose à retenir au sujet du travail, c'est que le travail paie !»

« Être passionné de quelque chose vous conduit à développer instinctivement des facultés naturellement intégrées en vous pour une cause bien spécifique.»

« La paix de l'âme est donc l'indicateur le plus fiable lorsqu'il s'agit de la découverte et de l'affirmation de sa passion dans ce qui est honnête, digne et juste. »

« La meilleure approche d'apprentissage consiste fondamentalement à manifester la volonté de se faire former. »

«La culture de l'implication active sert à la fois à apprendre d'avantage sur votre domaine d'intérêt, à développer les nombreuses potentialités enfouis en vous, mais surtout à accumuler l'expérience nécessaire à la poursuite de votre objectif ultime. »

« L'approche CIDC offre la possibilité à tout pratiquant, d'acquérir tout au long de sa mise en pratique, des valeurs et des principes riches et nécessaires à la construction d'une mentalité d'entrepreneur et de leader, c'est-à-dire d'acteur du changement. »

Valeurs et principes

«Le respect des valeurs morales et intellectuelles doit
être prôné par les leaders entrepreneurs pour influencer
positivement leur public et contribuer au développement de la
société. Je pense que ces valeurs devraient mettre en évidence
le sens du dur labeur, de l'honnêteté et de la dignité.»

« … le dur labeur constitue un prérequis que l'entrepreneur
social doit intégrer dans sa culture pour espérer faire long
chemin et avoir du succès durable dans son entreprise.»

« Travailler avec honnêteté procure en ce dernier
le sens de la dignité.»

«Travailler dur de façon digne pour réussir est comme
planter une semence dans une terre fertile qui porte de
manière naturelle son fruit au temps convenable. N'oublions
pas que tout ce qui est naturel est riche ! Un travail fait
dans la dignité est toujours fructueux et béni. »

«L'entrepreneuriat social qui se veut être au service des
communautés, doit donc être ce canal par lequel les
notions d'honnêteté et de dignité regagnent l'esprit des
individus pour une société plus prospère et plus juste. »

« … l'entrepreneuriat repose fondamentalement sur un
principe divinement consacré qui s'applique d'ailleurs
à tous les domaines de la vie. Ce principe se résume en
trois verbes que sont: Semer, Cultiver et Récolter. »

«... l'échec n'est pas une fatalité.»

« ...ce n'est pas tout de commencer une activité, en revanche, le plus important c'est d'assurer son développement afin d'en récolter le fruit. »

«Entreprendre, quel que soit le domaine, est une expression d'audace avant tout. Oser dans ce contexte c'est donc être capable de semer, de cultiver et de récolter de façon honnête et digne dans un domaine qui vous passionne. »

« Il est important d'avoir une petite bibliothèque chez soi. »

« ...le fait même d'entreprendre repose fondamentalement sur la capacité de l'entrepreneur à assurer le développement de son activité en mettant en œuvre les mécanismes appropriés. »

« ... le sol intellectuel de l'homme regorge d'incroyables richesses naturelles que ce dernier doit rechercher, exploiter et valoriser pour mieux s'affirmer dans la société. »

« L'approche CIDC prône le succès mérité basé sur les valeurs d'honnêteté, de dignité et de justice. »

« Le rôle de l'entrepreneur social, pratiquant des principes Cidciens, est de transmettre ces valeurs et principes à son entourage pour contribuer à l'édifice d'une communauté de personne ayant la culture de dur labeur. Il est donc important pour les entrepreneurs sociaux de revaloriser la notion du mérite, chacun dans sa parcelle d'autorité. »

« En tant qu'entrepreneur, vous êtes la première personne qui doit donner de la valeur à son activité. En effet, c'est en valorisant vous-même votre structure que les autres autour de

vous pourront être amenés naturellement à emboîter le pas...»

«La pensée de grandeur ne doit pas être confondue à une haute opinion de soi-même (l'arrogance). Par contre, elle est une disposition d'esprit qui consiste à rêver grand, à avoir le sens de l'ambition et à agir en conséquence. »

« ...la réussite dans le domaine de l'entrepreneuriat est essentiellement déterminée par la capacité de l'entrepreneur à persévérer dans son activité en dépit des circonstances hostiles à sa progression. »

« La tentation d'abandonner n'est toujours très loin de nous. Ce que tout débutant doit savoir, c'est qu'elle sera toujours là soit jusqu'à ce qu'on cède ou jusqu'à ce qu'on quitte ce monde. Tout le monde peut semer, tout le monde peut commencer, tout le monde peut initier, mais peu de personnes cultivent, et donc, persévèrent. »

«Le bénévolat joue un rôle majeur dans la construction d'une culture entrepreneuriale fructueuse. »

Sur l'auteur

Joshard-Martin MBAMBI-MOYALE est un écrivain gabonais, entrepreneur social, conférencier bilingue et le président de l'ONG JM Entrepreneurship et de l'association Tennis Bridge Community. Il est titulaire d'une licence en étude de littérature Africaine qu'il a décrochée à l'Université Omar Bongo au Gabon. En 2017, il a été nommé par le Département d'État Américain pour participer au programme International Visitor Leadership Program aux Etats-Unis sous le thème *"Jeunes leaders émergeants: Entrepreneuriat et Développement des entreprises"*. En 2018, il a été sélectionné pour représenter son pays le Gabon aux Etats-Unis (Nebraska, Lincoln) dans le cadre du programme Mandela Washington Fellowship sous le thème *"Civic leadership"*. Il est également l'initiateur du plusieurs programmes de formation tels que le BLC (Building Leadership by Coaching) et le SFDC (Séminaire des Femmes pour le Développement Communautaire). Il intervient régulièrement dans des salons et forums dédiés à la promotion de l'entrepreneuriat des jeunes, et participe à de nombreux programmes d'échange culturel avec des entrepreneurs sociaux au Botswana. Joshard-Martin est de confession chrétienne, il enseigne également dans des églises sur des thématiques liées à l'entrepreneuriat et au développement communautaire.

Liens et contacts

Youtube : https://www.youtube.com/
channel/UC2E8p9CHbbTolQd5Rpuih6g ,
https://www.youtube.com/channel/

UCdMbPaNxatMQBEnWHTUrslA **et**
https://www.youtube.com/channel/
UCKL1F0t86WH40GjFWv17dow/videos?
disable_polymer=1

Mail : ecrireJM@gmail.com

Facebook : https://www.facebook.com/JoshardM/ **et**
https://www.facebook.com/TBC333/

Joshard-Martin M.M